ÉLOGE

DE

M. ROMIGUIÈRES,

ANCIEN AVOCAT,

Procureur-Général, Conseiller à la Cour de Cassation, Pair de France,
Commandeur de la Légion-d'Honneur,

PRONONCÉ LE 19 FÉVRIER 1853,

A LA RENTRÉE SOLENNELLE DES CONFÉRENCES DES AVOCATS,

PAR

ÉMILE VAÏSSE,

Avocat stagiaire près la Cour impériale de Toulouse.

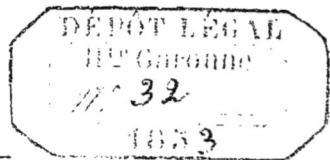

TOULOUSE,

IMPRIMERIE DE A. CHAUVIN ET COMP.,

RUE MIREPOIX, 3.

—

1853.

ÉLOGE DE M. ROMIGUIÈRES.

Messieurs,

Après trois années d'interruption , nos conférences sont rouvertes; rendons-en grâces à qui de droit, d'abord à notre honorable Bâtonnier qu'une intelligente élection vient d'appeler à la suprême dignité de l'Ordre, sanction éclatante et méritée d'une carrière si bien remplie.

Rendons-en grâces au Conseil de discipline qui n'a pas voulu voir dépérir les nobles traditions du barreau, et qui, en rouvrant nos pacifiques .joûtes oratoires, cherche à favoriser en nous le double développement du sens logique et de l'esprit de confraternité.

Rendons-en grâces aux éminents Magistrats qui, de leur présence, ont daigné honorer notre séance solennelle de rentrée comme pour prendre, sous leur haut et bienveillant patronage, cette école naissante du barreau.

Messieurs, un usage, emprunté aux conférences de Paris, attribue à deux jeunes stagiaires l'honneur de porter la parole à ces séances solennelles. Tous,

messieurs, vous eussiez été à la hauteur de cette
insigne faveur; tous vous auriez porté à cette place
une parole digne de votre caractère et de notre profession; mais une exquise délicatesse vous a fait
écarter un débat d'où aurait pu surgir une apparente
compétition d'amours-propres. Vous avez confié au
sort le soin de désigner l'orateur : mon nom est sorti.
Plaise au ciel que cette faveur ne m'écrase pas, et
que mon œuvre ne soit une triste et nouvelle preuve
de l'inintelligence du hasard !

Un éloge, messieurs, présente un premier écueil,
c'est le choix même du sujet. Parmi les grandes figu-
res parlementaires de l'ancienne France, il en est peu
qui n'aient été retracées et louées avec un talent
capable de désespérer les imitateurs : les Lhospital,
les Duranti, les Molé, les Malesherbes ont eu leurs
vertus célébrées par les accents même de l'éloquence.
L'éclat de pareils précédents, joint au danger des
redites, nous a décidé à franchir la grande barrière
de 1789 et à rechercher un sujet plus voisin de nous
qui, sans nous engager dans l'appréciation politique
des faits contemporains, donnât au moins à
notre peinture, à défaut d'autre mérite, celui de
l'originalité. C'est alors, messieurs, que, parcourant
la galerie d'hommes illustres dont s'honorent la magistrature et le barreau modernes, nous avons été
séduit par une physionomie profondément sympathi-
que, par les traits d'un homme également vénéré

dans l'Ordre des avocats qu'il illustra et dans la magistrature qui recueillit le dernier tribut de ses lumières. Cet homme, messieurs, enfant de Toulouse, la gloire de notre Midi, c'est M. Romiguières.

La postérité commence à peine pour ce nom, et déjà l'impatiente admiration du public lui a décerné un rang glorieux à côté des noms les plus augustes du pays; déjà une plume éloquente s'apprêtait à formuler, en un langage digne du sujet, les hommages dus à ce grand caractère, quand la faveur éclairée du gouvernement impérial est venue nous ravir en M. Dufresne, à la fois notre éminent procureur-général et le digne panégyriste de M. Romiguières. Lui, messieurs, aurait su, dans ce style si ferme, dans cette forme si vigoureuse qu'il nous a été donné quelquefois d'admirer, dignement louer celui qu'il a si dignement continué parmi nous.

Au lieu des tableaux de l'éloquence, nous n'avons à vous offrir qu'une pâle ébauche, œuvre d'un crayon indécis, inexpérimenté; mais la gloire de M. Romiguières est trop haut placée pour avoir à souffrir d'un médiocre panégyrique, et ses mânes vénérés pardonneront à notre pieuse admiration la témérité de notre entreprise.

Jean-Dominique-Joseph-Louis Romiguières naquit à Toulouse le 19 août 1775. Fils d'un avocat au Parlement de cette ville, il arrivait au monde assez tôt pour être le témoin du spectacle imposant des institutions de l'ancienne France, assez tard pour prendre sa part des douloureuses luttes qui ont engendré l'organisation nouvelle de notre pays. Sa vie, messieurs, toujours active et laborieuse, comprend ce cycle semi-séculaire au milieu duquel se sont accomplis les plus grands faits de notre histoire; il est de cette génération forte jetée par la Providence comme un trait-d'union entre les deux siècles, génération héroïque qui, à travers une suite de luttes, de succès, de revers inouïs, s'est maintenue toujours à la hauteur de ses destinées.

C'était, messieurs, s'il est permis de jeter un regard, non de regret, mais d'intérêt historique sur la constitution de l'ancienne France, c'était, dis-je, un tableau singulièrement intéressant que celui de toutes ces agrégations provinciales fortement reliées entre elles par le lien de l'autorité royale; à coup sûr, la centralisation moderne a produit des effets incontestablement salutaires à l'endroit de l'unité nationale et de l'esprit de patriotisme; mais il n'en faut pas vouloir aux temps anciens d'avoir préféré aux avantages aujourd'hui évidents de la centralisation politique le bénéfice plus proche et plus palpable de l'immunité municipale.

Toulouse, par excellence, messieurs, a conservé jusques en 1789 la forte organisation intérieure qu'elle tenait de la conquête romaine. Ici, plus que partout ailleurs peut-être, les droits du citoyen se trouvaient préservés des empiètements de l'autorité centrale par la double barrière des priviléges municipaux et de la haute protection du Parlement. Les huit capitouls et le Parlement étaient, on peut le dire, pour le menu peuple, les véritables souverains de la ville; ils pourvoyaient seuls, je parle des premiers, à la sûreté de sa garde, tant par huit compagnies à leur solde que par le droit de haute, moyenne et basse justice que les chartes publiques leur avaient attribué. Ces chartes furent toujours respectées, et l'on raconte que Louis XIII, faisant son entrée dans sa bonne ville de Toulouse, dut jurer au couvent des Minimes le maintien des franchises municipales. Pas un des soldats du roi, dit la chronique, n'escorta sa personne; les seules compagnies capitolines formèrent autour d'elle une garde d'honneur.

C'est en ce sens, messieurs, qu'un historien pittoresque, celui qui a si poétiquement dramatisé les légendes du moyen-âge, a pu dire de notre cité : « Toulouse, république sous un comte. » C'est pour cela que la vieille capitale du Languedoc est restée, même après la Révolution, la ville des traditions parlementaires par excellence; que, réduite par le niveau républicain aux proportions d'un chef-lieu administratif, elle a semblé, durant la Révolution et l'Empire, porter dans son immobilité le deuil de son antique splendeur.

C'est dans ce milieu si caractéristique que fut jeté, à la fin du dernier siècle, Jean-Louis Romiguières. Peut-être, messieurs, ces images de la première enfance, ces souvenirs d'une grandeur éclipsée n'ont-ils pas peu influé sur le double sentiment qui domine toute son existence, je veux dire son goût irrésistible pour le barreau et son pieux amour pour sa chère ville natale. Prenez, en effet, Romiguières dans toutes les phases de sa vie si agitée, et vous verrez sa grande âme graviter sans cesse autour de ce double sentiment. Il a pu, par la force des événements, quelquefois être poussé hors de sa vocation et de sa patrie; mais toujours, la tourmente apaisée, il aspire à rentrer dans les murs de Toulouse et dans les rangs de ses confrères du barreau; si, pressé par les faveurs royales, il consent, vers la fin de ses jours, à quitter la ville qui l'a vu naître, ce n'est qu'avec l'arrière-pensée d'y rentrer bientôt pour toujours; et si, enfin, au déclin de la vie, il emporte un regret dans la tombe, c'est de ne pas laisser ses cendres au pays qu'il a tant aimé.

Mais, en outre d'une vocation naturelle qui prédestinait Romiguières aux triomphes de l'éloquence, il y avait aussi pour lui les exemples domestiques à suivre, les traditions du foyer à garder. Il procédait, en effet, d'une vieille famille bourgeoise de notre cité, justement enorgueillie d'une série d'hommes remarquables dont quelques-uns ont brillé au barreau de l'ancien Parlement. Le père notamment de Jean-Louis aurait presque suffi à illustrer le nom des Romiguières, et sa réputation, prolongée jusqu'aux derniers jours de l'Empire, ne céda que pour se confondre avec celle de son fils. On trouve dans les archives de notre ville le témoignage honorable de la considération dont fut entouré, par ses concitoyens, M. Romiguières père. En 1789, cinquante électeurs formèrent l'assemblée électorale chargée de nommer les députés de l'arrondissement de Toulouse aux Etats-Généraux; les avocats du Parlement prétendirent avoir le droit de coopérer, par députés-électeurs, à la rédaction du cahier des doléances et à la nomination des représentants. Cette juste prétention fut admise, et les deux avocats désignés par leurs confrères pour remplir ce mandat de confiance furent Bragouse et Romiguières père. Plus tard, Romiguières père, qui s'était prononcé pour des idées de progrès et de sage liberté, qu'il défendait au club alors modéré des Jacobins, fut successivement nommé président de l'administration municipale et juge au tribunal du district de Toulouse.

Pendant que se jouaient au-dehors les premières scènes de la Révolution, celui dont je retrace la vie, élève au collège des Oratoriens de l'Esquile, préludait, par de brillants succès scolaires, à l'éclat d'une carrière qui ne s'est point démentie. Aussi, lorsqu'en 92 les Révérends Pères de l'Esquile eurent à choisir un

élève digne d'aller offrir à la municipalité le don
patriotique du collége, ils n'hésitèrent pas à confier
cet honneur au jeune Romiguières.

Mais, messieurs, les nuages s'amassaient à l'ho-
rizon révolutionnaire, la France entière tressaillait
aux premiers déchirements de la guerre civile et aux
menaces d'une invasion prochaine. Un appel suprême
est fait par la mère-patrie à l'héroïsme de ses enfants ; un immense cri lui répond ; c'est la jeunesse
française toute entière qui se précipite à la défense
des frontières.

Ce sublime élan de 92 a été retracé tour à tour
par la plume, la couleur et le ciseau ; mais nul
artiste n'en a rendu la magnifique expression comme
M. Rude, dans le bas-relief qui décore l'arc de triomphe de l'Etoile. Cette œuvre si vigoureuse vous est
connue, messieurs ; il vous souvient de cet élan irrésistible qui, sous le souffle inspiré du génie de la
France, entraîne l'homme, le vieillard, l'enfant
même, à la défense du pays. La mère arme le fils,
l'épouse enflamme l'époux, le vieillard s'indigne contre des forces qui le trahissent, l'amour enthousiaste
de la patrie inspire les traits de ces volontaires qui
vont bientôt répondre, par Jemmapes et Fleurus, à
l'insolent manifeste de Brunswick.

Romiguières, messieurs, eut l'immortel honneur
de céder à cet élan national. A peine âgé de dix-sept
ans, il s'arrache aux paisibles travaux de l'enfance,

il dit adieu à ces cours du séminaire désormais désertes et silencieuses, il part à l'appel du pays, et quelques mois après nous le retrouvons canonnier volontaire à l'armée des Pyrénées-Orientales, sous les ordres du général Dugommier. Plusieurs, messieurs, ont vanté l'orateur, célébré le magistrat, qui ignoraient les titres du soldat à la reconnaissance publique. Il nous a paru bien précieux, à nous qui, le premier, avons l'honneur de formuler l'éloge autour du nom de Romiguières, de tirer de l'ombre la partie la plus ignorée, mais non la moins méritante de sa longue carrière.

Une nature d'élite comme la sienne ne pouvait, malgré sa modestie, languir longtemps dans les rangs inférieurs de l'armée; aussi, quoique engagé comme simple volontaire, Romiguières parcourt rapidement tous les grades, et le 16 septembre 1793, an II de la République, sous le canon espagnol, au pied de la redoute de l'Egalité, Jean-Dominique-Louis Romiguières est reconnu capitaine de la seconde compagnie des canonniers à pied, en présence des représentants du peuple Soubrany et Milhaud. De pareils débuts, messieurs, semblaient nous promettre un général, un maréchal d'Empire peut-être; mais la destinée de Romiguières l'appelait à des succès moins meurtriers, aux palmes plus douces de l'éloquence.

L'animadversion, la jalousie peut-être, du représentant Milhaud fut la première cause qui le détourna du service militaire. La bravoure du soldat, l'intelligence de l'officier ne purent éloigner de sa tête les foudres de la proscription. Vous connaissez, messieurs, les terribles pouvoirs dont la Convention armait ceux de ses membres qu'elle déléguait auprès des armées de la République : le représentant dominait les conseils, dirigeait les mouvements, et surtout exerçait dans les rangs de l'armée une haute surveillance politique. A cette phase brûlante de la Révolution, le patriotisme éclairé de 89, les idées libérales de la Constituante ne suffisaient plus aux ardentes théories des conventionnels; aussi M. Romiguières le père, promu juge et maire aux premiers jours, était-il déjà frappé de la terrible qualification de suspect. Le contre-coup de sa chute vint atteindre son fils sous les drapeaux; sur l'ordre du représentant Milhaud, et malgré l'intervention de son collègue Soubrany, Romiguières est jeté dans les prisons du Castillet, à Perpignan. Plus heureux qu'André Chenier, il put y attendre le 9 thermidor.

Rendu à la liberté par la chute de Robespierre, Romiguières revient à Toulouse, non pour s'y oublier dans les dissipations d'une vie oisive, mais pour y continuer, sous une autre forme, sa résistance au jacobinisme. En même temps qu'il s'enrôlait dans les compagnies urbaines, il entrait dans la rédaction d'un journal alors célèbre à Toulouse, l'*Anti-Terroriste*, destiné à extirper de l'opinion publique les dernières semences de la doctrine révolutionnaire. Cette feuille, rédigée dans un sens modéré, rappelait les Français aux principes de 89; également éloignée des théories anarchiques et des principes royalistes, elle tenait cet équilibre si périlleux en temps de révolution qui expose aux coups des deux partis extrêmes qu'on cherche à concilier.

Aussi, messieurs, les assassinats du 30 nivôse viennent-ils bientôt disperser les rédacteurs de cette feuille, et Romiguières, épargné sans doute à cause de sa jeunesse, reste seul, à vingt ans, à la tête de ce journal. Sa précoce énergie ne se démentit pas : bravant le poignard des sicaires, il signala, parmi certains membres de l'autorité municipale, les ordonnateurs du crime du 30 nivôse; il ne craignit pas de reprocher aux Français d'avoir sacrifié des millions d'hommes et des milliards de richesses pour substituer au gouvernement paternel de Louis XVI la honteuse domination de Barras.

Une telle énergie devait, à cette époque de la Révolution, trouver sa sanction dans l'exil. Aussi Romiguières est-il associé à l'illustre infortune des Pichegru, des Laharpe, des Vaublanc; le coup-d'état de fructidor vient le frapper de la peine de la déportation. Obligé de fuir de retraite en retraite pour échapper à l'horreur d'une transportation aux bords inhospitaliers de la Guyanne française, il vit de longs mois errant et proscrit, et, s'il obtient du Directoire la

faculté de rentrer dans sa ville natale, ce n'est bientôt que pour tomber dans de nouvelles disgrâces.

C'est à cette époque, messieurs, c'est-à-dire en
juillet 1799, au moment même où le général Bonaparte éblouissait l'Europe de sa magique expédition
d'Egypte, c'est à ce moment, dis-je, qu'éclatait, dans
le midi de la France une insurrection royaliste qu'un
déluge de faits contemporains a noyée dans l'esprit des
historiens. Un seul, à notre connaissance, a raconté
cet effort suprême tenté par les royalistes du Midi
pour se relier à la Vendée et enserrer le centre du
gouvernement républicain dans un cercle de feu.
Cette insurrection, messieurs, si elle n'est pas passée
officiellement dans l'histoire, n'en a pas moins laissé
une singulière impression dans notre pays : les vieil-
lards vous parleraient encore de ces dix mille chouans
qui, sous les ordres de Rouger l'Américain, de Jules
de Paulo, de Pomponede la Haage, du chevalier
Therme, généraux improvisés, vinrent bravement
pour la cause royale affronter les balles républicaines
à Fonsorbes, à Avignonnet, enfin à Montréjeau, où
le 26 juillet 1799 ils furent complètement dispersés.
Romiguières, proscrit de fructidor, dut encore à
cette occasion payer son tribut à la persécution. Arrêté
comme un des moteurs de l'insurrection royale, il
subit, dans les prisons de la Visitation, une longue
et périlleuse détention préventive; mais, messieurs,
rendons grâces quelquefois au malheur, cette der-

nière épreuve lui valut son début et son premier
succès au barreau. Reconnu innocent, il ne sort de
prison que pour se dévouer à la défense de ses co-
détenus. Dès ce jour, sa vocation se décide, son génie
se révèle, l'orateur est fait. Aussi bien sous la main
puissante du premier consul, la France va bientôt se
raffermir ; la société, retrempée aux sources de la
Révolution, va prendre sa nouvelle assiette. Le temps
des luttes est passé, la mission du soldat, du journaliste est finie ; celle de l'avocat commence.

Le génie oratoire de M. Romiguières ne pouvait se
produire dans des circonstances vulgaires ; aussi son
début à la barre des tribunaux est-il marqué de ce
sceau de grandeur et de spontanéité qui nous prédit
déjà le défenseur de Gauchais et de Carrel. A peine
sorti de prison, il promenait sur la place du Capitole
quand on vient lui apprendre que le chevalier
Therme, un des chefs des bandes royales et son co-
détenu de la veille, comparaissait sans défenseur
devant la commission militaire. L'âme généreuse de
Romiguières s'indigne à la pensée d'un accusé, d'un
innocent peut-être, condamné sans défense ; il accourt
au conseil de guerre, entend les pièces de la procédure, et, après un court moment de recueillement, il
improvise avec l'éloquence du cœur une chaleureuse
plaidoirie qui sauve la tête de son infortuné client.
Ce magnifique début dut être remarqué ; il le fut,

et chacun de se dire : Romiguières le fils est un homme de cœur, Romiguières le fils est un grand avocat. Vous le voyez, messieurs, du premier jour son génie commande le respect et l'admiration ; il entre en maître dans une carrière où tant d'autres mettent des années à conquérir un modeste rang.

Dès ce jour, sous le titre de défenseur officieux, d'homme de loi, il se voue exclusivement à la profession d'avocat, s'attachant de préférence à la défense des accusés que la rigueur des lois exceptionnelles amenait alors en foule devant les tribunaux répressifs. Parmi les innombrables causes qu'il plaida sous le Consulat, nous en rappellerons une dont le retentissement n'est pas effacé complètement peut-être de l'esprit de nos anciens du barreau, je veux parler de celle de Paul Vaysse, président de la municipalité toulousaine, traduit devant la cour criminelle de la Haute-Garonne comme inculpé de complicité dans l'attentat du 3 nivôse.

Vous connaissez, messieurs, cette scène épouvantable de nos discordes civiles ; vous savez que Bonaparte, premier consul, se rendant le 3 nivôse au théâtre de l'Opéra, entre huit et neuf heures du soir, fut, à la hauteur de la rue Saint-Nicaise, littéralement enveloppé dans un nuage de feu, de sang et de débris; un tonneau rempli de poudre avait provoqué cette explosion qui, dans la pensée des auteurs, devait supprimer les preuves du crime et multiplier la mort pour rendre celle du premier consul inévitable. Cet odieux calcul fut déjoué par l'intelligente ivresse du cocher de la voiture consulaire; la mort ne moissonna que parmi les paisibles et obscurs spectateurs du cortége. Contenue d'abord, la juste et terrible colère du premier consul éclata; malheureusement elle égara ses foudres sur un parti politique complètement innocent de l'attentat de la rue Saint-Nicaise. Malgré la résistance de Fouché, qui fondait de légitimes soupçons sur les agents de la chouannerie bretonne, Napoléon Bonaparte crut frapper, sinon les auteurs, du moins les inspirateurs du crime, en enveloppant dans une large proscription les débris de l'ancien parti jacobin, alors nommés démagogues et idéologues. Plus tard, messieurs, vous savez que la découverte et la condamnation des auteurs de la machine infernale, vint donner à cette proscription tous les caractères d'une déplorable erreur politique.

Quoi qu'il en soit, messieurs, Paul Vaysse, maire de Toulouse, appartenait par son passé à l'opinion républicaine modérée; il avait naguère combattu à la tête des troupes de l'Etat contre les bandes royales insurgées; ses antécédents, sa position éminente, des délations perfidement dirigées contre lui, lui valurent d'être impliqué dans les mesures répressives qui suivirent l'attentat de nivôse. Traduit devant la cour criminelle, il appelle à lui son jeune ami. La défense

2

de Romiguières, si elle a été perdue pour le public, est restée au moins dans la tradition de la famille, dans le cœur des enfants de celui qu'il sauva ; et nous devons à l'un de nos confrères, petit-fils de Paul Vaysse, le pieux témoignage du remarquable talent que Romiguières déploya dans la défense du maire de Toulouse.

On pourrait citer, messieurs, une foule de procès où l'âme ardente de Romiguières se consacra à la défense des accusés de tout parti, de toute classe ; l'infortune à soulager, le malheur à défendre sans distinction de rang ou d'opinion, tels étaient les titres à son appui. Malheureusement, messieurs, le nom seul de ces procès nous reste ; Romiguières, quoiqu'il portât la conscience de sa profession jusqu'à écrire, surtout au début, la plupart de ses plaidoyers, jugeait à tort ses œuvres indignes de l'impression ou même de la conservation manuscrite. Il nous a fallu rechercher la trace de ses premiers débuts au travers des souvenirs de la reconnaissance privée, quelquefois même au sanctuaire de la famille. Plus que tous autres, nous, jeunes avocats, nous devons déplorer cet excès de modestie qui, en nous privant de précieux modèles écrits, ne nous laisse que le souvenir lointain de cette grande voix éteinte.

Cependant, messieurs, l'Empire s'avance avec son cortége de grandeur et de gloire ; la voix de l'orateur

ne peut s'élever au-dessus de cet hymne triomphal
qui, pendant dix années, remplit le monde de notre
nom et de nos succès. La gloire militaire éblouit et
efface l'éclat moins bruyant de la tribune et du barreau; d'ailleurs, un seul homme alors, Napoléon-le-
Grand, suffit à l'admiration de l'Europe. Durant cette
brillante période de notre histoire contemporaine,
les nécessités d'une politique militante entraînent loin
des champs de l'éloquence une jeunesse enthousiaste
de son chef. Le barreau à peine organisé, peu sym-
pathique même, il faut le dire, au gouvernement
impérial, accomplit à l'écart de l'agitation militaire sa
laborieuse tâche de chaque jour. Cette modestie toutefois, messieurs, n'est pas un signal d'impuissance;
laissez se calmer les exigences d'une guerre où la
France lutte seule contre l'Europe coalisée, et du
milieu de ces hommes modestes, vêtus de noir, vont
surgir avec les Manuel, les Dupin, les Berryer,
les Barrot, les véritables dominateurs des temps pacifiques.

La réputation de Romiguières, déjà solidement
assise en 1805, s'accroît sous l'Empire de façon à
lui assigner le premier rang au barreau toulousain.
Toutes les juridictions se disputent le concours d'un
avocat qui ne laisse après lui rien à éclairer dans une
discussion; mais les élans de son âme généreuse
l'entraînent surtout à la défense des malheureux que
la rigueur des lois de conscription amenaient comme

insoumis ou réfractaires devant les tribunaux militaires; on l'appelle déjà des départements voisins, on l'invoque comme l'énergique défenseur de toutes les infortunes. L'éclat de la gloire impériale ne l'éblouit pas au point de lui faire oublier les droits et les devoirs de sa profession, il sait encore parler haut et ferme quand l'intérêt de ses clients le commande ; il ne craint pas dans la défense de douze prêtres espagnols, accusés d'avoir provoqué à l'insurrection de leur pays, de dire que la résistance héroïque de l'Espagne est la juste réponse aux conférences de Bayonne ; il ne craint pas, dans une autre affaire, d'accuser un sous-préfet d'apporter à l'accomplissement d'ordres déjà rigoureux un zèle odieux et inhumain ; sa plaidoirie pour les habitants du Fauga, devant la cour spéciale de l'Aude, témoigne encore d'une âme qui ne fléchit devant aucun péril, qui ne transigea jamais avec le devoir. Constatons donc, messieurs, à l'immortel honneur de Romiguières, que lui, qui plus tard aux jours de détresse devait résister à l'invasion, sous le canon même des alliés, qui devait souffrir pour la cause de Napoléon et de l'intégrité du territoire, que lui, dis-je, aux jours de la toute-puissance impériale, n'a pas craint de l'affronter, s'il le fallait, pour soutenir des intérêts froissés, pour proclamer des droits méconnus! Loin de lui l'adulation, la bassesse. Ce cœur, messieurs, ne résista jamais à un sentiment généreux. Plus nous irons dans cette vie et plus nous verrons que Romiguières fut aussi grand, si ce n'est plus, par le cœur que par l'esprit. Vous l'eussiez médiocrement touché en lui disant qu'il était éloquent, vous l'auriez profondément attendri en lui faisant l'éloge de son cœur !

Le 18 juin 1805, aux premiers jours de la réorganisation de l'Université, il avait reçu, d'une commission composée de MM. Bastoulh, Furgole, Jamme et Ruffat, le diplôme de licencié en droit ; le 23 juin 1807 il prêtait devant la Cour d'appel de Toulouse son serment d'avocat. Enfin, messieurs, en juillet 1811, à la reconstitution de l'Ordre des avocats, il est un des membres élus par ses confrères pour faire partie de la liste sur laquelle, d'après le nouveau décret, le procureur-général doit former le Conseil de discipline, et M. le baron Corbière, sur la liste de présentation, s'empresse de choisir le nom de Romiguières fils pour le porter avec MM. Roucoule, Laviguerie, Bastoulh, Espinasse, Dubernard au Conseil de discipline de l'Ordre ; une autre distinction l'attache au bureau de consultations gratuites présidé par M. Furgole. Si jeune, son précoce génie l'élève au niveau des noms les plus vénérés de la science ; à trente ans, confrère des Furgole, des Roucoule, des Laviguerie, il puise à la source même les enseignements les plus purs du droit civil ; il s'initie aux traditions d'intégrité et de vertu de l'ancien barreau français, dont ces vénérables doyens portaient, au milieu d'une civilisation nouvelle, l'austère témoignage. Messieurs, quelle magnifique destinée est la sienne! Il donne la main aux illustrations des deux siècles, il unit dans le parcours de sa longue carrière les grandeurs passées et les grandeurs vivantes de la France parlementaire. Furgole, Laviguerie sont les confrères de sa jeunesse ; Dupin, Troplong les collègues de ses vieux jours!

Mais voici venir, avec l'année 1814, l'heure de nos désastres et de nos revers militaires; l'étoile jusquelà si brillante de l'Empereur pâlit et s'efface; une double retraite, celle de Russie et d'Espagne sont les funestes avant-coureurs de la chute de l'Empire.

Après six années de luttes désespérées pour maintenir sur le trône d'Espagne Joseph Bonaparte, l'armée française, décimée par la guerre, les privations et les balles des guérillas, accomplissait sa lente et glorieuse retraite sous le commandement du maréchal duc de Dalmatie. Pour parer, sans se dégarnir, à la garde des villes placées sur son itinéraire, le maréchal organisait partout sur son passage des gardes nationales, chargées, en cas d'attaque, de résister à un assaut ou, tout au moins, de veiller, à l'heure suprême de l'invasion, au maintien de l'ordre et de la paix publique.

Six légions sont formées à Toulouse, et M. Romiguières fils est porté, autant par la voix publique que par le choix du maréchal, au commandement de l'une d'elles. Messieurs, les souvenirs de nos concitoyens vous diraient si la conduite de M. Romiguières fut noble et digne à cette occasion ; son énergique attitude dans ces jours de détresse, lui valut, après la bataille du 10 avril, les persécutions de la police royaliste, mais aussi l'estime du feld-maréchal duc de Wellington qui, dans une lettre conservée par le juste orgueil de la famille, lui en donne l'affectueux témoignage.

Dédaigneux d'un danger personnel, uniquement soucieux de l'honneur du pays et de la cité, M. Romiguières proposait de n'ouvrir les portes aux alliés que sur trois sommations, et il offrait, lui, de se porter à l'avant-garde avec dix grenadiers pour parlementer et obtenir une capitulation honorable. Des hommes ignorants ou passionnés, préoccupés de dangers chimériques, ne répondirent que par des sarcasmes à cette proposition qui couvrait cependant l'honneur de la ville d'un simulacre de capitulation. L'ennemi entra sans condition, le drapeau blanc remplace au faîte du Capitole le drapeau tricolore. A cet aspect, Romiguières ne peut contenir les tumultueux élans de ses regrets et de sa colère; il arrache publiquement de ses épaules les insignes du chef d'une légion française et se retire en pleurant sur le deuil de la patrie.

Cette protestation d'une âme française valut à son auteur un ordre d'incarcération.

C'est pour conjurer ce nouvel orage et pour expli-
quer sa conduite qu'il écrit à lord Wellington une
lettre dont nous extrayons le passage suivant :

« J'avoue, milord, que lorsque j'ai vu ma patrie
» envahie, vos soldats au sein de ma ville natale, le
» calme du vainqueur, la joie irréfléchie du vaincu,
» j'ai éprouvé tous les tourments qu'éprouverait Votre
» Seigneurie, si des étrangers, remontant la Tamise,
» venaient s'asseoir en maîtres dans le Parlement
» d'Angleterre. Je pensais que Toulouse sans défense
» devait ouvrir ses portes à un ennemi généreux,
» mais que dans sa soumission forcée, elle devait con-
» server cette dignité qui ennoblit le malheur. Je
» pensais que les acclamations du vaincu n'étaient
» propres qu'à le ravaler aux yeux du vainqueur,
» que les élans d'une jeunesse inconsidérée pou-
» vaient compromettre sans fruit notre malheureuse
» cité et devenir le signal de la guerre civile. »

Ce noble langage, messieurs, dut trouver accès
auprès de l'âme généreuse de lord Wellington. Il
répond, que la police urbaine, bien que placée sous
sa haute protection, a agi cependant sans ses ordres
vis-à-vis d'un homme de talent, de cœur et de réputation pour lequel il professe une profonde estime.
Cette haute intervention ne peut soustraire M. Romiguières à la proscription qui vient le frapper jusqu'au
20 mars suivant, date du retour de l'Empereur de
l'île d'Elbe.

La miraculeuse résurrection de l'aigle impérial ne put manquer de causer une profonde sensation dans un pays où, comme le nôtre, les traces de l'invasion étaient encore fraîches sur le sol. L'entraînement des contrées traversées par Napoléon gagna bientôt Toulouse qui acclama avec transport la restauration du drapeau tricolore. Un citoyen déjà signalé par ses talents oratoires, signalé surtout par son dévouement désintéressé à la cause de l'Empire et par la proscription qui en avait été le prix, ne put manquer de fixer l'attention et le choix des nouveaux gouvernants ; aussi M. de Sainte-Aulaire, préfet de la Haute-Garonne pendant les Cent-Jours, s'empresse-t-il d'offrir à M. Romiguières les délicates et périlleuses fonctions de commissaire-général de police, poste où vient bientôt le confirmer sous le nom de lieutenant-extraordinaire, un arrêté du duc d'Otrante, ministre de la police générale.

Un trait, messieurs, vous peindra l'esquise modération avec laquelle, en ces temps difficiles, M. Romiguières exerça les terribles fonctions dont l'avait investi l'absolue confiance du gouvernement. Victime d'une réaction royaliste, il eût pu satisfaire des colères peut-être légitimes sur ses persécuteurs de la veille ; mais sa grande âme repousse comme un outrage toute pensée de haine et de vengeance personnelle ; veillant à la seule sécurité du pays, il oublie, en entrant au pouvoir, jusqu'aux noms de ses persé-

cuteurs, et pendant les quarante-quatre jours qu'il
administre la police de la Haute-Garonne, du 5 avril
au 18 mai, deux individus seulement sont arrêtés et
même sont-ils bientôt élargis après une courte infor-
mation. Et cependant il n'ignorait pas les sourdes
menées des royalistes, les intrigues de leurs émissai-
res, leurs tentatives d'embauchage dans les rangs du
peuple et de l'armée; mais satisfait de contenir par
une active vigilance cette impuissante agitation, il
pensait que désormais et pour le malheur de l'humanité, c'était aux plaines de la Belgique que se viderait
le grand duel de l'Empire et de la Royauté, que
des rigueurs isolées, au moment de cette lutte solennelle, n'influeraient en rien sur un avenir soumis au
destin des batailles.

Mais si cette grande âme est sourde à la voix de
la colère et de la rigueur, elle cède plus volontiers
aux entraînements de la clémence et de la protection.
Voulez-vous connaître au juste l'usage qu'il fait du
pouvoir? Le vénérable abbé de Cambon, suspect de
royalisme, se trouvait sous le poids de sévères mesures
répressives; Romiguières, lieutenant de police, député
à la chambre des Cent-Jours, n'arrive à Paris entouré
du prestige d'une double élection que pour solliciter
et obtenir la grâce de M. de Cambon. Toute l'influence
du pouvoir, il l'emploie à protéger ses adversaires
politiques! Quel plus magnifique éloge peut-on faire
de l'homme et du fonctionnaire? Plût au ciel qu'il eût

trouvé chez eux une égale magnanimité, nous n'au-
rions pas à vous entretenir du dernier et plus terrible
orage qui va venir encore troubler le cours de cette
belle vie.

La renommée de l'orateur, l'impartialité et la
bienveillance du fonctionnaire durent attirer le choix
des électeurs, appelés à former la chambre des représentants, sur le nom de M. Romiguières. Aussi est-il
élu à la fois, en mai 1815, par le collége de département de Toulouse et par le collége d'arrondissement
de Muret.

La chambre des Cent-Jours, messieurs, n'a pas
laissé dans l'histoire des souvenirs incontestablement
héroïques. On lui a reproché, non peut-être sans
raison, d'avoir perdu, en de vaines discussions,
un temps que les circonstances rendaient précieux
et solennel; d'avoir négligé d'en appeler, comme la
Convention, à des mesures de salut public qui, peut-
être, eussent conjuré la honte d'une seconde invasion. Ces griefs, nous laissons au temps, ce père de
la vérité, le soin de les éclaircir. Mais on ne saurait
méconnaître les efforts suprêmes tentés par cette
assemblée, à la veille de sa dissolution, pour sauver
du naufrage de l'Empire les plus précieuses de nos
conquêtes de la Révolution. C'est qu'en effet, messieurs,
la Coalition s'avançait cette fois, non plus bénigne et
caressante, comme en 1814, mais fière et menaçante,
irritée de ce soulèvement électrique auquel la France

avait cédé à la voix du proscrit de la Sainte-Alliance, parée des lugubres cyprès de Waterloo que, dans l'exaltation du triomphe, elle pouvait jeter sur la tombe de notre passé, de notre gloire, de notre nationalité peut-être.

C'était au moins un acte de courage, à la face de cette armée envahissante, de proclamer les droits de l'homme, du Français à la liberté, à l'égalité civile et politique; de témoigner des principes de 89, alors même que l'édifice de la Révolution, consolidé par la main impériale, s'écroulait sous le canon des rois conjurés.

Cette déclaration des droits est insérée au *Moniteur* du 6 juillet 1815. Elle fut portée à la tribune par M. Romiguières, rapporteur de la commission, qui en avait élaboré l'esprit, et qui se composait avec lui de MM. Dupont (de l'Eure), Barrère, Tripier et Vimar. Ce dernier cri d'indépendance, cette suprême protestation de la liberté aux abois jetée à la face des hordes conquérantes, relève singulièrement l'honneur d'une assemblée trop légèrement discréditée, glorifie surtout l'homme qui, à cet instant de détresse nationale, en fut le courageux interprète. Le lendemain, 7 juillet, la chambre des Cent-Jours avait cessé d'exister; Louis XVIII était de nouveau proclamé roi de France.

Les passions politiques qui se déchaînèrent à la suite de la seconde Restauration ont leur page écrite

en lettres de sang dans l'histoire contemporaine. Les
souvenirs de 1815 sont trop ardents, dans notre pays
surtout, pour en évoquer la sanglante image; Brune
et Ramel disent assez les fureurs sanguinaires d'un
parti qui couvrit d'un zèle apparent pour la cause
royale les plus détestables attentats contre les servi-
teurs de l'Empire.

Romiguières eut le bonheur de ne point se trouver
à Toulouse au plus fort de la réaction royaliste,
notre ville eût été peut-être souillée d'un crime de
plus; un sort tragique au moins lui était promis dans
le refrain d'une chanson sinistre que la tradition populaire a gardée jusqu'à nous. Il disparaît. Des correspondances, par nous soigneusement dépouillées,
prouvent qu'il habita Paris presque constamment de
1815 à 1816, à l'abri dans l'immense cité des haines
que sa notoriété lui suscitait dans Toulouse. Cependant des renseignements officieux nous permettent
d'affirmer qu'il fit à la même époque un voyage et
un séjour clandestin dans le Midi, et c'est pour protéger ce séjour périlleux que se signala, d'une façon
si héroïque, le dévouement d'une brave famille d'arti-
sans pour laquelle, devenu pair de France et grand
dignitaire de l'Etat, M. Romiguières ne cessa d'avoir
les sentiments de la plus affectueuse déférence, de la
plus touchante affabilité. Cette famille, messieurs, était
celle des Gesta, dont le chef pageleur, autrement dit
mesureur public, habitant du quartier Saint-Pierre,

était de tradition le client, l'ami, l'admirateur naïf de
M. Romiguières. Craignant pour les jours de son héros,
dont la présence, en s'ébruitant, avait réveillé des
haines non encore assoupies, Gesta, père de trois
garçons taillés comme lui sur des proportions hercu-
léennes, entoure d'une infatigable vigilance la retraite
de son ami; il échelonne ses fils sur les points d'où
pouvait venir le danger, et lui-même choisissant le
poste le plus périlleux, il se couche en travers de la
porte de la chambre où reposait l'objet de son ardente
amitié.

Ils eussent marché sur son corps avant d'atteindre
Romiguières, croyez-le, messieurs. Aussi ne vous
étonnez pas si, plus tard, le haut magistrat, le pair
de France, l'ami des ministres, à tous ses voyages
à Toulouse, réserve sa première visite pour l'humble demeure du pageleur. De tels sentiments, messieurs, honorent autant ceux qui les professent que
ceux qui les inspirent; ils nous prouvent, en dépit
des esprits sceptiques et frondeurs, que la vertu se
trouve encore ailleurs que dans les pompeuses bio-
graphies de Plutarque.

Il fallut une année, messieurs, pour assoupir les
passions qui mettaient en péril dans Toulouse les
jours de M. Romiguières; aussi ce n'est qu'au com-
mencement de l'année judiciaire 1816-17 qu'il peut,
grâces encore à la bienveillante intervention de M. de
Villèle, rentrer dans sa ville natale et reprendre le

cours de ses occupations au barreau. Enfin, messieurs, grâces au ciel, après tant d'épreuves, le calme se fait dans cette belle vie; l'homme politique a presque absorbé jusqu'à présent dans notre œuvre le principal personnage, je veux dire l'orateur. Le rétablissement de la paix européenne, la tranquillité du pays sous le gouvernement de la Restauration vont nous permettre d'envisager notre sujet sous un point de vue plus spécial, de suivre l'avocat dans les magnifiques triomphes qui signalent sa carrière de 1817 à 1833.

Au seuil de cette nouvelle période, nous rencontrons le procès le plus dramatique du xixe siécle, le procès dont trente ans passés n'ont pu calmer le retentissement : je veux parler de l'horrible drame qui ensanglanta les murs de Rodez le 19 mars 1817, de l'assassinat Fualdès.

Rodez, ville sauvage dominant de son roc une contrée désolée ; une rue étroite et sombre, éclairée des sinistres clartés qui s'échappent d'un bouge ouvert à tous les vices ; dans cet horrible réduit, des hommes de toute classe, de toute condition, réunis autour d'une table où se meurt d'une mort horrible un infortuné, un vieillard ; puis, un lugubre cortége, précédé d'éclaireurs armés, qui s'avance avec un fardeau mystérieux vers les rives de l'Aveyron ; le bruit sourd d'un corps qui s'engloutit, puis, plus rien. Voilà la mise en scène, messieurs, adoucie même de l'hor-

reur de détails inénarrables. La tâche était lourde;
nul peut-être n'eût osé se charger de la défense de Bastide : la renommée de M. Romiguières lui imposa ce
terrible fardeau. Toute la gamme des douleurs hu-
maines est ici en jeu : le deuil poignant d'un fils,
l'émoi d'une population soulevée, le sort prévu des
accusés, les angoisses des familles compromises,
tout cela forme un tableau saisissant; joignez-y les
teintes brutales des assassins vulgaires, les sons
criards d'un orgue, complice du crime; dans le fond,
pour adoucir le tableau, la gracieuse et romanesque
figure de Clarisse Manzon, et vous aurez, dans toute
sa nudité, un spectacle qui laisse loin de lui les
conceptions les plus aventureuses du roman.

Au premier débat de ce procès solennel, Romiguières eut à lutter contre les élans passionnés de la
pitié populaire. Surexcitée par les détails horribles
du crime, par les larmes navrantes d'un fils, l'opinion publique s'élevait avec violence contre l'auteur
principal de cet odieux assassinat; dans son ardente
soif de répression, elle s'attaquait même à l'avocat
qui, appelé par les devoirs sacrés de sa profession à
la défense de Bastide, semblait, par son talent,
retarder l'heure de la justice humaine. Mis ainsi entre
les préventions irréfléchies de la foule et les devoirs
de sa conscience, lui, messieurs, n'hésita pas, il sut
braver le risque d'une impopularité passagère pour
consacrer à celui dont la vie lui était confiée tous les

efforts de son talent. Cette défaveur aussi se calma
bientôt, et, dans le premier jugement de l'affaire
Fualdès, la France attentive apprit déjà à connaître
un de ses plus grands avocats.

Mais le second jugement de la même affaire révéla
mieux, s'il se peut, cette puissance et ce talent qui
placèrent notre illustre compatriote aux premiers
rangs du barreau français. Chose bizarre et étonnante! dans ce second débat qui se déroula, comme
vous le savez, en avril et mai 1818 devant la cour
d'assises du Tarn, Romiguières parla peu ou même
point, et pourtant son silence imposant domina constamment le débat. Attestation muette et éloquente
d'un génie vraiment supérieur!

Pour vous rendre, messieurs, l'effet saisissant produit par M. Romiguières dans ce débat solennel, il
me suffira de vous dire qu'un jeune homme de vingt-
deux ans assistait, perdu dans la foule, à l'audience
qui termina ce procès, celle où, le tour de parole de
Romiguières étant venu, celui-ci se leva seulement
pour dire : « L'accusé Bastide demande la parole. »
Ces mots étranges surprennent d'abord, mais personne ne s'y trompe, on sent que la voix même de
l'avocat va sortir de la bouche de l'accusé ; il se fait
un silence solennel, Bastide commence ; son discours,
messieurs, défi audacieux et désespéré, jeté à la
face de l'inévitable supplice, frappa tellement mon
jeune auditeur que trente-cinq années n'en ont pu

3

effacer la trace, et c'est lui, presque un vieillard aujourd'hui, qui m'en a rappelé mot à mot les passages
les plus saisissants :

« Mon défenseur, dit Bastide, a lutté assez long-
» temps contre ma mauvaise fortune ; je n'exige
» plus rien de lui pour le moment. Nul ne peut
» avoir aussi bien que moi le sentiment de mon in-
» nocence. C'est à moi seul de l'exprimer. »

Après ce début d'une étonnante audace, il passe
à l'examen des témoins produits contre lui :

« Clarisse Manzon, dit-il, ma défense contre cette
» femme, témoin, accusée, accusateur ; contre cette
» femme que la prévention tour-à-tour blâme et
» caresse, humilie sans pitié, exalte sans mesure ;
» contre cette femme qui, pour n'être pas dégradée
» par la justice, força la justice à se dégrader pour
» elle..... »

A ce moment, l'honorable M. de Faydel, président de la Cour, interrompt vivement l'accusé : « Bas-
» tide, dit-il, ce plaidoyer est-il votre œuvre? »
« Monsieur, la pensée est la mienne, la forme seule
» est d'un autre. »

« Allons, reprend l'honorable président, conti-
» nuez, vous êtes dans une de ces situations que
» rien ne peut aggraver. » Bastide continue et arrive
à l'examen de la déposition d'un sieur Théron qui,
à Rodez, n'avait rien dit contre lui.

« Théron, dit-il, sa déposition est physiquement
» fausse, aussi pour l'accréditer, n'a-t-on pas craint
» de supposer des phénomènes célestes, des miracles
» d'optique, des intervalles de clarté au sein d'une
» nuit constamment obscure ; mais à quel homme de
» bon sens pourra-t-on persuader jamais que Théron,
» aux prises avec le froid et avec la peur, ait re-
» connu Jausion à travers le bandeau qui masquait
» son visage, ait vu Bastide, ait vu même les cordes
» qui liaient le cadavre ; c'en est trop, messieurs,
» Théron n'a rien vu. »

Vous devinez, messieurs, pourquoi M. Romiguières
ne porta pas lui-même la parole ; la situation extrême de son client commandait un langage que,
seul, il pouvait tenir. Mais ce qu'on ignore, c'est que
ce plaidoyer écrit de Bastide, monument vénéré de
la plus haute éloquence est l'œuvre improvisée d'une
nuit d'insomnie. — M. Romiguières, en effet, à pro-
portion que le procès se déroulait devant le jury,
voyait s'accumuler les charges les plus accablantes
contre son client ; les dépositions de Clarisse Manzon
notamment rendaient impossible une défense par la
bouche de l'avocat. Dans cette position extrême et à
la veille des plaidoiries, M. Romiguières sent qu'un
trait d'audace peut seul atténuer le sort de Bastide ;
il rentre chez lui, se recueille ; aux premières lueurs
du matin, appelle son secrétaire et, dans moins
d'une heure, il dicte sans une rature, ce chef-d'œuvre

de l'éloquence qu'il met le lendemain dans la bouche de son client.

Et le procès des Transfuges , qui l'a oublié à Toulouse? Le nombre des accusés était grand ; la défense pouvait, en se divisant, neutraliser ses moyens et compromettre l'issue du procès : Romiguières assemble chez lui la pléïade des jeunes avocats plaidant dans cette affaire, et dont quelques-uns datent de ce jour un avenir qui les a portés aux premiers rangs de la magistrature, du barreau et de l'administration ; il distribue à chacun sa tâche , combine un plan de défense où chacun doit apporter son tribut à l'œuvre commune. Lui, il se charge de la défense du colonel Gauchais , principal accusé et du résumé des plaidoiries. Ce plan si bien conçu, admirablement exécuté, valut peut-être la vie aux vingt-six accusés.

On a gardé le souvenir de la phrase si vigoureuse, quoique triviale en apparence , qui termina son premier plaidoyer. Le procureur-général avait cru pouvoir jeter sur la vie et le passé du colonel Gauchais d'amères récriminations. L'honneur du vieux soldat outragé protestait par des larmes et des sanglots. Romiguières , inspiré du désespoir de son client , s'élève avec hauteur contre les acerbes insinuations du ministère public , il relève avec éclat l'honneur du soldat vieilli sous les drapeaux de la France et, la main dans la main de Gauchais, il finit en disant : « Colonel, consolez-vous, vous êtes un brave homme. »

L'effet fut, dit-on, inexprimable. Mais ce qui emporta le procès, on peut le dire, ce fut la soudaine péroraison qui termina sa réplique.

Après un débat de vingt audiences, on était arrivé à la veille du 15 juillet 1824, jour doublement cher aux Bourbons par la fête de saint Henri, patron de Dieudonné, unique espoir de leur race, et par les hommages que la France rendait en ce jour anniversaire de l'invasion d'Espagne, à Louis-Antoine, duc d'Angoulême, vainqueur de Trocadéro. La discussion, ardemment soutenue de part et d'autre, n'avait jusqu'à cette heure porté peut-être qu'une demi-conviction dans l'esprit d'un jury exclusivement royaliste. Il fallait frapper au cœur même des jurés et conquérir sur leurs propres sentiments ces vingt-six têtes vouées à l'échafaud.

Il était tard, presque minuit. L'heure, la foule répandue à l'intérieur et aux abords du palais, l'anxiété générale, tout donnait à cette dernière audience une solennité inusitée.

Minuit sonne; à la dernière vibration de l'heure, Romiguières tressaille et dit:

« Entendez-vous, messieurs, c'est le 15 juillet qui » commence. C'est aujourd'hui que la France célèbre » la fête du bon Henri, la fête de ce rejeton auguste » que la Providence conserve à la patrie comme un » gage assuré de tout un bonheur à venir. Les lys » que la France va déposer autour de ce royal ber-

» ceau, vous ne les ensanglanterez pas ; les lauriers
» qu'en ce même jour elle décerne au vainqueur de
» l'Espagne, vous ne les teindrez pas d'un sang fran-
» çais. Messieurs, vous vous souviendrez que les
» Bourbons ont toujours eu horreur du sang de leurs
» sujets. »

L'acquittement général des accusés suivit cette magnifique péroraison.

Quelques jours après, un jeune homme, que les
luttes politiques devaient tant grandir depuis et dont
la destinée tragique fut le deuil de tout un parti politique en France, Armand Carrel, pris les armes à la
main aux bords de la Bidassoa, comparaissait devant
le conseil de guerre de la 10e division militaire. Il y
allait de la tête : Romiguières plaide encore et Carrel
est sauvé. Sa reconnaissance, envers celui que depuis
il appelait son second père, dura autant que sa vie ;
rien n'en attiédit l'ardeur, ni les révolutions ni les di-
vergences politiques, et c'est une pensée pieuse qui,
dans le sanctuaire où vivent reproduits par le pin-
ceau les traits de M. Romiguières, a placé à côté de
ce portrait vénéré le buste du chevaleresque insurgé
de la Bidassoa, de l'infortuné rédacteur du *National*.

Encore un souvenir, messieurs, de cette éloquence
qui, suivant l'expression de M. Dupin, réflétait tous
les feux du climat méridional, et dont les traits ardents vivent, sans le concours des recueils et des
livres, dans la mémoire des contemporains : on plaidait

pour le journal l'*Abeille*, prévenu d'avoir attaqué
par d'acerbes critiques un mandement de Mgr. le
cardinal de Clermont-Tonnerre, archevêque de Toulouse. Il était question des jésuites. A ce mot qui
porte toujours en lui l'idée d'une puissance mysté-
rieuse, d'une organisation redoutable, M. Romiguières, défenseur de son ami d'Aldéguier, s'arrête
comme épouvanté. Les jésuites! reprend-il, avec un
sentiment d'inexprimable terreur : « Mânes du grand
Henri... !! »

Un frémissement soudain court dans l'auditoire à
cette évocation du fantôme royal. L'avocat ne peut
continuer; mais la cause est gagnée. L'éloquence a
vaincu l'impassibilité du juge. M. d'Aldéguier est ren-
voyé absous.

Mais, messieurs, ce n'est là qu'une face de ce
talent si prodigieux. Le même homme qui devant la
cour d'assises vient d'atteindre aux plus grands effets
oratoires, encore tout palpitant des tressaillements de
son génie, sortira de cette enceinte qu'il vient d'élec-
triser pour aller devant une des chambres de la Cour
ou du Tribunal civil plaider la question la plus froide,
la plus abstraite de procédure. Des confins du lyrisme
il passera sans transition à la glaciale discussion d'un
texte de loi, et le juge qui l'écoute s'éclaire encore de
cette parole savante, correcte, mesurée qui, tout-à-
l'heure vibrante et passionnée, agitait toutes les
fibres du cœur humain. Vous trouverez rarement,

messieurs, dans le même homme ces deux qualités si éminentes et si diverses, mais dont la réunion seule cependant complète l'avocat. Cicéron, messieurs, les possédait, et puisque ce nom vient sous ma plume je l'y laisse, peut-être déjà votre pensée, devançant la mienne, a signalé l'auteur de la Milomienne comme le glorieux ancêtre de celui dont je retrace la vie.

Le travail l'accablait; dans les procès civils en Cour royale il avait constamment à choisir entre le rôle d'appelant ou d'intimé; devant les juridictions criminelles, sa célébrité lui imposait toutes les défenses périlleuses; les consultants affluaient dans son cabinet, et, cependant, messieurs, voyez sa bonté d'âme! il dérobait encore aux heures du sommeil quelques instants pour contrôler et encourager les essais des jeunes avocats qui se formaient à son école. Les travaux préparatoires de ses secrétaires ne passaient pas inaperçus dans l'instruction du procès; il prenait la patience de lire ces essais et de les rendre à leurs auteurs avec de judicieuses réflexions, de précieuses annotations. C'est qu'il avait au plus haut degré, messieurs, cet esprit de protection envers le jeune barreau, qui le portait à considérer le plus humble des stagiaires comme son confrère, comme son égal. Sous des dehors brusques parfois, mais justifiés par les énormes préoccupations de son esprit, il apportait, dans ses relations du barreau, toute la tendresse affectueuse d'un ami pour les uns, toute la bienveillante sollicitude d'un père pour les autres. Moins heureux que d'Aguesseau, dont le bonheur conjugal dura autant que la longue vie, il semblait rechercher dans le barreau, sa vraie famille d'adoption, le calme et la sérénité que lui refusait la vie domestique.

Les dernières années de la Restauration viennent mettre le sceau à sa renommée; l'éclat de son talent rejaillit sur le barreau de Toulouse qui s'élève au premier rang parmi les barreaux français : une brillante génération d'avocats se forme à son école, son génie inspire les poètes lauréats des Jeux-Floraux; enfin, la lointaine Bretagne le salue, par la bouche de l'illustre Touiller, du titre glorieux d'homme le plus éloquent de France!

A pareille carrière, il fallait sa sanction. L'heure sonne avec la Révolution de 1830. Ici, messieurs, notre tâche diminue; les faits officiels parlent désormais plus haut que tout panégyrique; l'estime du gouvernement du roi pour M. Romiguières se trouve, pour ainsi dire, écrite à chaque page du *Moniteur*.

Il faut rendre cette justice au gouvernement de Juillet, et la justice est légère à rendre aux morts, qu'il se montra logique dans le choix des hommes qu'il appela, après son avènement, à la direction des affaires. Issue des forces vives de la bourgeoisie, expression d'un système modérateur entre la République et la Monarchie, la dynastie d'Orléans confessa hautement son origine en appelant spontanément à elle tous les hommes éminents qui, depuis 1815, avaient combattu, soit à la tribune, soit dans la presse, sous le drapeau des idées libérales ; et, comme ces hommes étaient la plupart d'une haute valeur, on a pu dire, avec raison, de ce gouvernement qu'il avait présenté un rare ensemble de fonctionnaires intelligents et éclairés.

M. Romiguières, quoiqu'il vécût loin de Paris et du centre du mouvement politique, dut, même dans son éloignement, fixer l'attention du roi et des ministres, dont quelques-uns étaient ses amis et confrères de la veille. Aussi cherche-t-on bientôt à utiliser, au profit de la dynastie naissante, la renommée et le talent du premier avocat de Toulouse. Toutefois, on connaissait sa modestie, son attachement inviolable pour le barreau; on pressentait, d'après ses précédents même, sa répugnance à accepter une position qui l'éloignerait de sa ville natale et de son milieu judiciaire. Pour tout concilier, M. Mérilhou, premier ministre de l'instruction publique, propose au roi la création, dans la Faculté de Toulouse, d'une chaire de droit public, à l'enseignement de laquelle une ordonnance royale du 26 novembre 1830 vient bientôt pourvoir par la nomination de M. Romiguières.

Cette situation semblait lever tout obstacle; tout en professant le droit, il pouvait ne pas interrompre le cours de ses occupations au barreau; mais, messieurs, Romiguières ne fut point un de ces hommes qui sacrifient à un cumul de salaires une partie de leurs devoirs. Il refuse en termes nets; et, si les limites d'un discours déjà bien long le permettaient, nous vous citerions les propres termes d'un refus si honorable. MM. Mérilhou, Barthe insistent; M. de Rémusat joint ses instances à celles des ministres. Romiguières reste inébranlable, il persiste dans l'aveu de son impuissance à satisfaire à la fois, suivant les devoirs d'une rigoureuse conscience, les exigences du barreau et celles de l'enseignement.

Le 18 janvier 1831, la faveur royale se manifeste encore en venant l'appeler aux fonctions de membre du conseil-général du département de la Haute-Garonne. Ceux qui l'ont connu savent que ces fonctions, qu'il remplit sans interruption jusqu'à son départ de Toulouse, sept fois même comme président du conseil, ne lui étaient pas les moins chères. Là, comme au sein du conseil municipal, il trouvait à satisfaire plus directement l'amour tout filial qu'il portait au pays et à la ville qui l'avaient vu naître.

Quelques jours après, le 2 avril 1831, il est décoré de l'ordre de la Légion-d'Honneur.

Enfin, messieurs, le 7 juillet 1833, le roi, sur la présentation de M. Barthe, garde-des-sceaux, appelle au poste éminent de procureur-général près la cour royale de Toulouse M. Romiguières, bâtonnier de l'Ordre des avocats, en remplacement de M. le baron Corbière, volontairement démissionnaire. Cette nomination, qu'il n'avait point sollicitée, fut son introduction officielle aux honneurs. Mais les honneurs, messieurs, cet écueil pour tant de caractères, en l'élevant, ne le changeront pas : magistrat, il restera tel que vous l'avez connu avocat, généreux, éloquent, bon surtout, affectueux envers le barreau qu'il ne cessera de vanter comme sa glorieuse origine.

Ce fut une véritable fête pour le barreau de Toulouse de voir consacrer, par la faveur royale, la brillante renommée de son bâtonnier. Les avocats, les avoués, tous amis de Romiguières, voulurent, dans un banquet intime, célébrer en famille cette nomination qui, suivant la poétique expression de M. Florentin Ducos, « était une couronne posée sur la tête du » barreau de Toulouse. »

A quelques jours de là, lors de son installation, le nouveau procureur-général prenait l'occasion de répondre publiquement aux affectueuses sympathies de ses confrères :

« Avocats, disait-il, mes chers, mes biens chers » confrères, vous l'avez entendu, c'est votre bâton-» nier que le roi fait son procureur-général. Votre » choix prépara le sien, et nous pouvons nous glori-» fier réciproquement, moi, de votre participation à » la faveur qui m'est faite; vous, de l'honneur que » notre Ordre en recueille.

» Oui, notre Ordre; car je revendique cette anti-» que tradition qui faisait du chef du parquet le pre-

» mier anneau de cette chaîne d'orateurs, brillante
» escorte de la justice et constamment debout pour
» protéger toutes les infortunes comme pour démas-
» quer toutes les fraudes.

» Sais-je d'ailleurs ce que l'avenir me prépare? Que
» du moins il ne me soit pas assez contraire pour
» m'empêcher de retrouver une place au milieu de
» vous.

» Eh! qui ne serait fier de redevenir votre égal!

» Quel barreau offrit une réunion plus nombreuse,
» plus compacte, plus fidèle, plus fraternelle de
» légistes profonds, de défenseurs habiles, d'orateurs
» éloquents, d'hommes consciencieux et désinté-
» ressés.

» Gardez-moi, gardez-moi toujours les sentiments;
» j'étais si heureux! »

Vous, messieurs, nos Anciens du barreau à qui
s'adressaient ces paroles si touchantes et si méritées,
vous avez vu M. Romiguières, procureur-général,
remplissant ses fonctions avec un zèle et une assi-
duité qui ne se lassaient point : entrant presque chaque
jour aux audiences civiles, dirigeant de lui-même les
instructions criminelles, les correspondances et tous
les travaux intérieurs du parquet, réservant même
pour lui, dans son extrême bonté, la part de labeur
que l'usage assigne aux secrétaires ou aux employés.
Vous l'avez vu surtout porter au siége du ministère
public cette parole éloquente qui, suivant l'expression

d'un de nos grands jurisconsultes, fut sévère pour le crime, mais ne mit jamais l'innocence en péril. Vous l'avez vu mettre dans ses discussions avec ses anciens confrères, même avec les plus jeunes, les formes et les égards qu'il avait jadis revendiqués pour la toge d'avocat, conserver dans ses relations avec vous cette cordialité qui lui était propre et qui l'amenait à venir mêler dans l'intimité de la bibliothèque sa robe rouge à nos modestes robes de serge; sous la pourpre du magistrat, en un mot, vous avez retrouvé Romiguières, Romiguières tout entier.

Mais ici, messieurs, vos souvenirs sont bien plus éloquents que notre froide parole. A mesure que les temps se rapprochent, notre esquisse biographique doit perdre de l'intérêt qu'elle a pu puiser au début dans la révélation de faits oubliés; elle a peine à lutter contre des impressions toutes récentes, et le rôle d'historien ne convient guère à celui qui parle devant des témoins oculaires.

Aussi, tout en vous rappelant qu'il est, le 19 mai 1834, élevé au grade d'officier de la Légion-d'Honneur, le 28 novembre 1839 à celui de commandeur, qu'il offre, en 1839, pour un motif de légitime susceptibilité, sa démission non-acceptée par le roi et bientôt retirée par lui sur les instances de tout le cabinet, nous arriverons au 16 décembre de la même année, époque où le gouvernement vient appeler M. Romiguières à la Cour de cassation.

Cette nouvelle position, toute éminente qu'elle fût, n'était peut-être pas le but secret auquel tendait la légitime ambition de M. Romiguières : finir ses jours à Toulouse, sur le théâtre même de sa gloire, dans une ville où il comptait autant d'amis que d'habitants, était pour lui une perspective plus douce qu'un rôle assurément plus glorieux sur la vaste scène de Paris. Mais une secrète compétition, qui elle-même, du reste, n'a point été satisfaite, semble avoir neutralisé tous ses efforts pour arriver à la position suprême que l'opinion publique et même l'opinion du ministère lui assignaient. Aussi, comme son entrée à la Cour de cassation ne liait pas son avenir, il accepte du roi cette nouvelle faveur.

L'arrivée de M. Romiguières à Paris prouva que sa renommée n'était pas le fait d'un enthousiasme local : son génie, comme sa réputation, l'y suivirent; son entrée au sein de l'illustre compagnie fut saluée comme une bonne fortune par tous ses nouveaux collègues qui purent bientôt juger de près l'homme que faisaient si grand les échos de la province.

Un trait les surprit surtout, ce fut l'étonnante activité, jointe à la facilité extrême avec laquelle le nouveau conseiller accomplissait les travaux que la répartition annuelle lui attribuait : dix rapports lui avaient été confiés à son arrivée pour être présentés dans le courant d'un mois. Ignorant la latitude du délai, M. Romiguières s'empresse à son travail et arrive à l'audience suivante avec les dix rapports parfaitement élucidés, qu'il développe successivement avec une merveilleuse clarté devant ses collègues stupéfaits.

Aussi, loin de diminuer à Paris, son crédit s'y fortifie. Il commande, sur cette grande scène, au milieu même des sommités de la magistrature, l'estime et l'admiration qui l'avaient suivi de Toulouse. Ses lumières étaient sans cesse invoquées, ses décisions faisaient jurisprudence; en peu de jours enfin, il est signalé comme un des oracles de la Cour suprême.

L'influence de son génie ne se restreint pas aux affaires judiciaires. Le conseil des ministres, le maréchal de Dalmatie notamment qui professait de longue date une haute estime pour son illustre et éloquent compatriote, réclame souvent le concours de ses lumières dans les affaires du gouvernement, et surtout dans toutes celles qui touchaient aux intérêts de l'Algérie et du midi de la France. Constamment en relation avec les ministres, il suffit à la fois à ses austères devoirs de magistrat et aux travaux que le cabinet requiert de son intelligence et de son zèle. On sent aussi bientôt le besoin de consacrer, par un titre politique, le concours efficace qu'il prête à l'action du gouvernement; l'opinion publique, du reste, réclamait depuis longtemps, tant à Toulouse qu'à Paris, pour M. Romiguières la haute dignité que le roi vient lui conférer, le 20 juillet 1841, en l'élevant à la pairie.

Cette nomination, œuvre de justice et de rémunération, fut aussi marquée d'un précieux caractère d'opportunité; car elle concorde avec les troubles que la loi sur le recensement fit naître à Toulouse en juillet 1841, et, sitôt investi du prestige de cette nouvelle dignité, M. Romiguières est chargé officieusement par le gouvernement de venir, dans une ville où son nom était tout-puissant, pacifier les esprits et reconstituer, conjointement avec M. Maurice Duval, la municipalité désorganisée par la retraite de M. Floret.

Le nouveau pair de France ne faillit pas à la confiance du pouvoir; il employa une influence personnelle, toute puissante, à seconder l'action du Commissaire extraordinaire, et les nombreuses correspondances qu'il a laissées, relatives à ces troubles, prouvent combien son concours fut précieux dans cette œuvre d'apaisement et de conciliation.

Ce voyage à Toulouse, du reste, qu'il faisait en 1841 avec une mission du gouvernement, il l'accomplissait tous les ans aux vacances de la Cour de cassation, heureux de venir, sur le premier théâtre de sa gloire, se retremper aux souvenirs de la jeunesse, aux épanchements des vieilles amitiés, aux joies intimes de la famille. Jamais enfant, messieurs, n'eut pour sa mère un plus tendre attachement que Romi-

4

guières pour sa ville natale ; c'est un culte dont Toulouse doit être fière. Cette affection il l'étendait à tous ceux qui, de près ou de loin, lui rappelaient le souvenir du pays. Son plaisir le plus vif, à Paris, était de rechercher, de réunir, de recevoir ses compatriotes ; de les protéger, de les servir dans leurs affaires ; d'employer tout son crédit auprès du pouvoir pour assurer le succès de leurs démarches. Vous savez tous, messieurs, qu'il suffisait de se présenter chez lui, avec le titre de Toulousain, en parlant notre langue méridionale, pour trouver dans sa maison la plus cordiale hospitalité.

Cependant, messieurs, il était écrit que cet homme, si grand par le cœur, périrait même par l'excès de ses qualités. L'année 1847 arrive, et avec elle ces procès si douloureusement retentissants, que des esprits, peut-être trop hardis dans leurs conjectures, ont signalé comme une des causes indirectes de la ruine de la dynastie d'Orléans. Parmi ces procès, surtout celui des mines de Gouhenans, où se trouvèrent compromis deux anciens ministres du roi, MM. Teste et Despans-Cubières, jeta dans le monde politique et dans l'opinion populaire un singulier émoi. Teste était de longue date l'ami de Romiguières. Le garde-des-sceaux de 1839, le ministre des travaux publics du 29 octobre écrivait au procureur-général de Toulouse, au conseiller de la Cour de cassation, non en ministre, mais en ancien confrère, en ami intime et dévoué.

Romiguières ne put pas croire, ne crut pas aux accusations infâmantes dirigées contre Teste; cependant quand l'ordonnance royale vint saisir la Cour des pairs et le constituer juge de celui qu'il croyait innocent. Romiguières, alors âgé de 72 ans, secoue les glaces de l'âge, monte intrépidement à la tribune, devenue pour lui la barre d'un tribunal, et là, messieurs, retrouve, pour le salut d'un ami compromis, tous les élans de sa jeunesse, toutes les inspirations de ses beaux jours.

Ce discours prononcé à huis-clos, et perdu hélas! comme tant de chefs-d'œuvre de cette voix éloquente, frappa tellement les membres de la Cour, que M. le chancelier Pasquier, abordant le soir même dans un cercle politique un groupe de députés du Midi, leur disait : — Quel homme que votre Romiguières, il défendait une mauvaise cause, mais quelle éloquence! Ah! oui! quel homme! quelle éloquence! mais dites aussi quel ardent et fidèle ami! quel cœur généreux! Ce dernier effort le brisa. Il était dans la destinée de Romiguières, né avocat, de mourir comme un soldat sur la brèche de la défense. Le dernier cri de son âme, fut un cri de merci pour un accusé. Messieurs, voilà tout l'homme; sa mort le résume mieux que tout éloge officiel. Son cœur ne peut contenir la douleur d'un ami courbé sous le poids de l'infamie, et son cœur se brise en le défendant!

A partir de ce jour, la santé de M. Romiguières,

atteinte par toutes les émotions du procès, va déclinant ; l'apoplexie qui le frappa même, dit-on, en pleine séance de la Cour des pairs, gagne à chaque instant. Il s'éteint peu à peu ; cependant avant de céder à la mort, il se relève encore pour accomplir, avec une stoïque inflexibilité, la dernière épreuve de sa vie terrestre. Reconnaissant que les preuves produites au débat attestaient hautement la culpabilité de Teste, il demande à signer l'arrêt de condamnation. Le devoir a triomphé de l'amitié, oui, mais la vertu morale a brisé l'enveloppe mortelle ; il est aussi des bornes que la nature humaine ne peut franchir. Il meurt le 28 juillet 1847, après avoir demandé et reçu les secours de la religion, entouré d'un cercle d'amis à qui il lègue le soin de confier, sans pompe ni éclat, sa dépouille mortelle à la terre.

Le lendemain, 29 juillet, au moment même où la monarchie d'Orléans célébrait ses dernières fêtes, un modeste convoi sortait de l'église Saint-Roch. Quelques rares amis, mandataires choisis par la volonté du défunt, suivaient en pleurs l'humble corbillard qui portait sans pompe à la terre une des illustrations de la France.

Ces amis en pleurs, messieurs, c'était le deuil du pays, c'était l'image éplorée de Toulouse absente. Tous perdaient un ami, un père ; mais ils le sentaient aussi, Toulouse perdait un de ses plus glorieux enfants.

Inspiré de cette grande et muette douleur, **M. Du**-gabé, député de l'Ariége, versa sur cette tombe quelques paroles pleines d'émotion et de larmes.

« C'est le cœur brisé, dit-il, que je vois confier à
» cette terre étrangère pour lui des dépouilles qui
» appartiennent à Toulouse dont Romiguières fut
» une des plus grandes illustrations. N'oublions
» jamais qu'elles demeurent confiées à notre pieux
» dévouement.

» Adieu, Romiguières! Il y a aujourd'hui vingt-
» quatre ans que votre voix éloquente sauvait de la
» mort Carrel et Gauchais. Ce souvenir est digne de
» cette heure suprême, et c'est avec orgueil que nous
» le déposons sur votre tombe.

» Adieu, Romiguières, que Dieu vous rende le
» bien que vous avez fait! qu'il vous donne le repos
» que méritent les âmes d'élite! »

Puisse le vœu exprimé à cette heure suprême être entendu. Puisse Toulouse rendre bientôt, non à ses dépouilles mortelles confiées désormais pour toujours à la terre du Nord, mais à sa mémoire, les honneurs qu'elle réserve, dans ses galeries municipales, aux illustrations du pays.

Puisse notre Ordre, dont Romiguières sera l'éternelle gloire, réparer bientôt l'oubli d'une distinction qu'il a décernée déjà au vénérable Laviguerie, en plaçant son buste dans l'enceinte même où je parle.

L'année suivante, à la rentrée solennelle de la

Cour de cassation M. le procureur-général Dupin, éloquent interprète des regrets unanimes de ses collègues, rendait au génie de Romiguières le témoignage suivant :

« Avocat au barreau de Toulouse, ce théâtre his-
» torique des grands drames judiciaires, son élo-
» quence pleine de chaleur réflétait tous les feux du
» climat. Procureur-général, ses réquisitoires, sévères
» pour le crime, ne mirent jamais l'innocence en
» péril, et parmi nous, membres de cette Cour,
» remplissant les difficiles et solennelles fonctions de
» rapporteur, riche de l'expérience qu'il avait acquise,
» on le vit exposer les affaires avec une élégante et
» fidèle précision, émettre consciencieusement des
» avis qu'il savait défendre avec fermeté, et faire con-
» stamment preuve de cette intégrité que la politique
» ne recherche pas assez dans l'élévation de ses créa-
» tures, mais que la justice exige impérieusement
» de ses ministres. »

Après de telles paroles, messieurs, que nous reste-t-il à ajouter? Un seul mot : S'il est des hommes qui, par leur bassesse et leur insolente infortune, portent au cœur même de la jeunesse l'amertume et le découragement, la détournent de ses aspirations naïves pour la jeter dans les calculs de l'ambition, il en est d'autres aussi qui, par leur droiture, leur bonté, leur modestie, consolent d'un pareil spectacle et ramènent à l'amour de la vertu et de l'humanité. Romiguières fut un de ceux-ci, messieurs : grand par l'esprit, grand par le cœur, ceux qui l'ont connu vous diront qu'il était encore au-dessus de sa célébrité.

Soldat, journaliste, avocat, député, magistrat, pair de France, il fut, le mot est de lui on peut le lui appliquer, et il a une singulière force dans nos temps de défaillance morale, il fut et resta un *brave homme*. Sa vie tout entière est l'éclatante sanction de la maxime du moraliste : « Les grandes pensées vien- » nent du cœur. »

www.ingramcontent.com/pod-product-compliance
Lightning Source LLC
LaVergne TN
LVHW022037080426
835513LV00009B/1090